DE ÁRBOLES, VIENTOS
E ILUSIONES
(ENSOÑACIONES LITERARIAS)

ExLibric

JOSÉ JAVIER GONZÁLEZ RAMÍREZ

DE ÁRBOLES, VIENTOS E ILUSIONES

(ENSOÑACIONES LITERARIAS)

EXLIBRIC

ANTEQUERA 2024

DE ÁRBOLES, VIENTOS E ILUSIONES
(ENSOÑACIONES LITERARIAS)

© José Javier González Ramírez
Diseño de portada: Dpto. de Diseño Gráfico Exlibric

Iª edición

© ExLibric, 2024.

Editado por: ExLibric
c/ Cueva de Viera, 2, Local 3
Centro Negocios CADI
29200 Antequera (Málaga)
Teléfono: 952 70 60 04
Fax: 952 84 55 03
Correo electrónico: exlibric@exlibric.com
Internet: www.exlibric.com

ISBN: 978-84-10297-96-8
Depósito Legal: MA 2552-2024

Impresión: PODiPrint
Impreso en Andalucía – España

Nota de la editorial: ExLibric pertenece a Innovación y Cualificación S. L.

JOSÉ JAVIER GONZÁLEZ RAMÍREZ

DE ÁRBOLES, VIENTOS
E ILUSIONES
(ENSOÑACIONES LITERARIAS)

A mi amigo, que salvó mi hacienda,
escudriñando, salvó mi ilusión
y me dio mucho cariño,
tanto como su gran generosidad le permitió.

Amiga,
me desperté esta mañana
con la angustia en la frente,
con temblores en todo el cuerpo
y chorreando de sudor.
Sí, una pesadilla.
Ya, su nombre define la angustia:
¡horror!
Sin embargo, al instante
me acordé de ti.
Primero, de tu nombre;
luego, de tu rostro,
de tu sonrisa,
del carmín de tus labios
perfilados con el color
que siempre eliges,
y con eso bastó
para olvidarme de los malos sueños,
y ya durante todo el día
palidecieron las imágenes
de mis quimeras…
y en mi retentiva
solo perduró la mácula
roja de tus labios.

PRIMER DÍA DE OTOÑO

A Carmen Foronda

Las hojas caídas de los árboles
tapizan el suelo;
abundan las de los plátanos,
pero hay muchas también de tilos y de olmos.
La luz, haciéndose la ilusión
de estar sola en el aire,
compite con la claridad del cielo,
despreciando los colores.
No obstante, estos se hacen un lugar,
disputando entre sí;
predominan los naranjas,
aunque los tonos rojos, muy presentes,
ceden espacio a los amarillos brillantes
y, entre medias,
las espirales de las hierbas verdes.
La perspectiva se alarga,
y en el infinito de la lejanía
se ofrece a mí y a mis ojos
la suerte de ver
en lo más allá de lo que se pueda entender

los volúmenes de los dos últimos árboles,
suplantándose,
rivalizando por ser lo posterior
que se pueda contemplar.
Y oscurecida tu mirada,
y sobre ella el silencio inexorable,
flotan palabras lejanas
sin eco,
un lenguaje abstracto de signos
que susurra en mi oído.
Ya no soy ese.
Ya no somos nosotros.
Hoy es el primer día de otoño,
y hasta nuestras vidas
están en la obligación de renovarse.

¿Y si la rosa roja de terciopelo
fuese el preludio de un arco iris
participado de todos los colores?
Colores…
Colores compitiendo con tu imagen reflejada
en las erizadas aguas del Duero,
donde algún día volveremos a pasear
contemplando sus destellos.
La rosa, el arco iris, el centelleo del agua
y la imagen ambiciosa,
que se encara
con la brizna de hierba
que, de soslayo
pero sin ruborizarse,
te mira
preguntándose
quién guarda mayor belleza,
ajeno a todo.
El río es el río.
La brizna, la hierba, la hebra…
¿tendrían envidia?
¿Tendrían envidia de mi posición
bajo los arcos del puente?
¿Sabrían que ni lo uno ni lo otro?
Yo te miro a los ojos sin rubor.
Mi soledad, a veces efímera,

desaparece cuando tu imagen
se plasma,
adquiere valor
reflejada en alguna imagen,
B/N o color,
que me indica
que hay que seguir viviendo,
que hay que aprender a vivir,
aun a costa de la herida abierta
del sol apagado,
hasta que nuestros caminos
y, por supuesto, las miradas
se vuelvan a encontrar
en la ribera del Duero.

El silbo del viento,
la cascada quebrando silencios,
el arpa de hierba,
la tortuga y la liebre,
el horizonte de espigas,
la paloma y su vuelo corbo,
el girasol desafiando la luz,
el río puliendo los cantos,
la estrella sin rumbo,
la nube pausada,
la luz de la luna,
su brillo plateado,
la bóveda de estrellas,
la columnata de chopos,
la sombra sobre todo,
desvelando la nada,
las calles quebrando perspectivas,
seguir hacia adelante,
no sucumbir,
medias sonrisas,
sonrisas insinuantes,
tus brazos,
ansiosos de abrazos,
el corazón palpitante,
el olvido que todo lo acecha,
los minutos,

la cascada de silencio,
los segundos interminables,
la urgencia del corazón,
mi boca sedienta de besos,
tu lengua, colibrí perfecto,
escribir una palabra tras otra,
enamorar,
sentir el amor,
sentir que eres amado.

¡Oh, cristalina fuente,
emulando a San Juan, siempre presente,
y sabiendo, aunque calladamente,
que todas las gracias que te adornan
están en tu alma,
cristal entre cuyas aristas
viaja la luz y te ennoblecen.
Y si no fuese así, no ocurre nada.
Yo veo esa parte del diamante
que le da color al agua de la fuente
y que a mí me da calor.
Qué tibia esta soledad,
que si el agua de la fuente es fría,
el conjunto de mis nostalgias
de noches embriagadas de sombras
de ausencias, grandes, escandalosas,
se hacen a menudo presentes.
Sin embargo, sin saber por qué,
dulces como las fresas,
que, con sombrero verde,
la nostalgia, el tiempo pasado, la primavera
contrarrestan la frialdad de la fuente,
se templa, se recupera.
Y, como también escribió San Juan,
en ti veo

la risa,
las ganas de vivir,
mi morada…

A ti no te cuadra
bajar a la grava;
el conflicto que te planteas
no está a la altura de tu grandeza.
Las justas en la arena
son cosas del mundanal,
que no se corresponden
con la altura de tus miras.
Situarte en el centro del cuadrilátero
es situarte en el lugar
donde no debes…
Tu lugar es el de la sabiduría.
Así te veo,
como el sabio que eres,
y cuando intestas escapar,
¡ay de los sentimientos puros
que sobrevuelan las nubes!
Tú sufres,
ya que no se corresponden
con la idea
de la perenne perfección,
con la maravilla
de los guijarros verdeantes,
que acumulan siglos de búsqueda,
de interrogantes,
apadrinando el rastreo

del ángulo perfecto del círculo.
Todo eso reconociendo
que qué más quisiera el ser humano
que ser perfecto,
y sabiendo que la idea que expreso
es fantástica e ingenua,
por eso decimos
«querer con toda el alma»,
cuando sería más sincero decir
«querer» como principio de vida.
Todo esto no son palabras vanas,
esto nace de la convicción
de que al minuto siguiente de conocerte
te otorgue el manejo
de MAESTRO.

El cruce de miradas
surgió en el parque del Oeste.
La época, aquella del año
cuando todo está rodeado de flores.
Ese tiempo de las estaciones
donde las sombras, empujadas por la luz,
se aplastan contra el suelo.
Ya no te volví a ver
hasta cierto tiempo después
y también en ese mismo lugar.
Ahora no había flores,
pero sí hojas, muchas hojas,
en los parterres, en los caminos,
encima de los bancos.
Paseábamos los dos
o ¿intentábamos encontrarnos?
No lo sé,
el caso es que estamos allí.
Tú, con el pelo suelto;
yo, ese día, con americana
y aquella corbata azul marino
con finísimas rayas amarillas
que tanto me gustaba.
¿Te acuerdas de aquella cafetería
en la calle llamada Paseo Moret?
Allí terminamos, o empezamos,

tomando un café.
No había pasado ni siquiera una hora
y ya te había prometido amor eterno.
Me dijiste que sí
y, al final, los dos en mi casa,
aprendiendo a besar,
aprendiendo cómo era tu cuerpo,
cómo era el mío.
Lo que prosiguió después
es parte de otra historia,
la historia de dos personas
que se conocieron tanto
que todo fue tanto,
que asomarme al recuerdo
me provoca una enorme nostalgia.

Para mi amigo, ángel y compañero
Antonio Monclús, y que antes y después
de todos los amaneceres sigamos compartiendo
este sentimiento: un lugar de Andorra,
donde tan bien lo pasamos.

Me hablas desde un rincón
que desconozco.
Pienso,
intuyo,
sospecho
que ese lugar
estará por las alturas,
por encima de las nubes,
cerca de donde nacen los rayos de luz,
donde nace la vida,
donde nace la inspiración,
que me da las fuerzas
para ponerme en tus manos.
Para que tú me acompañes,
me guíes,
me dictes
la senda acertada del camino.
Los rezos que iluminan mi soledad
los enmarcan

y me dan las energías
para solicitarte,
¡oh, mi Dios!,
que todos los días,
que todos los días de sol,
de luz,
de nubes plumaceas y resplandecientes,
te acuerdes de mí
y me bendigas.

Dejaré aquí,
en las paredes blancas,
tus retratos colgados de un cáncamo oxidado.
Setenta nubes se acercaron a ti:
nubes de azúcar, nubes de algodón
nubes trenzadas, como un capitel románico,
de ilusiones nuevas
que, ahora, el viento que azota los tilos,
que juega con las ramas,
que nada en su propio susurro,
me devuelve la sonrisa franca,
el pecho erguido
y la alegría, el ánimo
de seguir trabajando en el bergantín
con el que algún día
remontaremos el Nilo.

A tu lado
no se siente el vendaval,
ni hay tormenta que oscurezca el cielo,
no hay escarchas que hielen el suelo.
A tu lado
siempre se encuentra la explicación justa
de lo que sucede alrededor,
y los cantos que encuentro en el río
tienen la energía
de otorgarme la fortaleza que requiero.
A tu lado
soy el hombre íntegro y severo
que mi formación me otorgó.
En mí habita el vigor
con que brotan las plantas,
cuyos frutos nos dan el pan,
y los recuerdos de los años vividos
se tornan complacientes
y se apartan de la idea
de las flores que adornan el sepulcro.
A tu lado
los meandros de la vida
tienen el contorno
de los pétalos de las yemas
que visten la brisa de infinitos colores,
apartando para siempre

la concepción de tener en el interior
resonancias de mieses segadas,
de palomas mensajeras
que no aparecen por la ventana,
de futuro que se asoma a conocerte
y que el viento espanta.

«Déjame que esta noche sueñe contigo».
Así comenzaba un entrañable bolero.
No me preguntes nada.
Sé que así comenzaba,
pero ya no recuerdo nada más.
Déjame que esta noche sueñe contigo.
Sí, ya sé que quizá no venga a cuento,
que nuestras huellas hace mucho
que fueron borradas
por el viento del desierto,
y si no, fue por las arenas;
se borró la imagen
de la línea de árboles
que, a través de la ventana
y con niebla espesa
de pigmento abrillantado,
se manifestaba el amor.
Aun así, insisto.
Ya sé, quemamos las naves
y, con el tiempo, el barro de la charca,
en definitiva, polvo estelar;
se solidificó,
expulsó a los renacuajos
y quedó rígido y sin vida.
Pero, aun así,
déjame que esta noche sueñe contigo

por si acaso el musgo que se aferra a la roca
contenga, todavía, algo de humedad
que le dé esperanza de vida.
Esta noche de aguaceros fríos,
de viento sorteando las ramas,
rompiendo en añicos
la porcelana celeste
que fue tu piel más sutil que el nácar,
para la congoja enaltecida
de estrellas fugaces
perdidas más allá del horizonte,
donde mi memoria se queda perdida.

¡Otro catorce de febrero!
Mi primer San Valentín
después de siete décadas.
Siete décadas son muchos años.
Siete décadas son setenta años
más una propina.
La propina son los dos
hasta los setenta y dos,
respirando para vivir.
Veinticuatro meses más
de sueños de vida,
buscando estar ahíto de felicidad.
¡Oh, albas,
volar entre las nubes
igual que las aves,
que no entienden de venturas!
¡Oh, albas,
pensando siempre en el amor,
pensando renglón tras renglón
en la Valentina
de aquellos años lejanos,
sin conocer,
pero preñado de intuiciones,
de lo que podría ser
ser amado, estar enamorado
y sentir en la piel que eres venerado!

¡Oh, Valentina!
¡Oh, décadas!
¡Oh, volar como los pájaros
y tener la virtud de acariciar,
como acarician las plumas!
Amanecer a ciegas,
tardar en tomar conciencia,
pero despertar al fin
tomando conocimiento
de que es cierto
que amas al amado.
Amar y vivir,
y sentir en el pecho cómo brinca el amor.
Eso es lo poco, lo mucho
que en todo este cúmulo
de décadas me hace sentir
el recuerdo de Valentina,
de la memoria,
de los colores,
de sentir que sigo vivo
y que amo,
y que seguiré amando
hasta después de que el hielo se derrita
y vuelvan a rebrotar las flores.

CARICIAS

Tus caricias cuando duermes conmigo
son el batir de alas
de esa ave grande y exótica
que siempre aparece en los sueños.
Ese roce involuntario
pero ejecutado adrede
se aparta de la lujuria,
siempre que puede,
y se disfraza de cándidos gestos
que el amor inventa
para que se confunda
la brisa que nos trae el mar
con el deseo ansioso que acompaña el apego,
confundido en ocasiones
con notas musicales
saliendo del centro de la tierra
con la fuerza de la lava del volcán,
quemando la piel,
derritiendo palabras
Esa música, que hay quien confunde
con los sonidos del *quorum,*
simplemente es un impulso antiguo
que duerme por encima de las nubes

para quien lo quiera apresar
y hacerlo suyo;
el deseo de aprender de tu mirada,
del fuego de tus ojos,
maestro que enseña a quererte
y a desear que se repita el roce.
Caricia, caricia nueva,
distinta a otros escalofríos,
a otra piel erizada
y tan semejante al anhelo
de estar siempre junto a ti,
mirándote,
hablándote,
escuchándote,
para entender las tonalidades
que adquieren tus palabras,
que vuelven a reproducir las notas del *quorum*
igual que la música que te nombro
reproducen tus palabras quebradas,
mis gemidos,
el jadeo que se precipita en la cascada
y en el viento,
y el viento, sorteando y jugando
con las ramas del empeño,
con los sueños,
con el prodigio

de haber aprendido a quererte tanto.
Aunque esté clarísimo,
requiere, más que deseo,
que nadie intente adivinar
a quién va dirigido
este compendio de palabras.

No quisiera que se produjese
el sinsentido de que pueda olvidar;
la memoria se va apagando
o inventa un biombo
de celosías de nubes blancas
que impide divisar el más allá
o una columnata de chopos dorados
que solo te permite atisbar
el día de hoy,
pero no el presente,
ni siquiera el hoy en día que nos regala esta luz.
Mis ojos van adquiriendo
la concesión gris/rojiza
reproducida en el horizonte
tras un incendio de pastos.
¿Cómo es posible
que pueda andar sobre las aguas
y no pueda vislumbrar tu sonrisa,
el brillo de tus ojos,
el temblor de tus labios
luego de tantos besos?
Todos los días, cuando despierto,
me faltan tus suspiros,
tu flor de rayos de sol.

A mi amigo Antonio,
que siga comprendiéndome
y respetándome.

Hay noches que se presentan
con tenues colores malvas
y, de repente,
se tornan en la amenaza del estruendo
de un cristal esmerilado
que guarda en su opacidad una tormenta.
¡Oh, Dios, cuánto puede durar la desesperación!
Esa sensación de la brisa quieta
que tan sosegada pasa
a la soledad inquieta
del sueño que te acecha,
que te hace olvidar las flores del nuevo día,
paralizado todo,
hasta las briznas de los recuerdos,
borrando en el alba los caminos andados,
la claridad del día y tus sonrisas.

Solo te tengo a ti, compañero,
y, a veces, dudo que pueda salir
de este cañaveral oscuro
que me impide ver la orilla del mar.
A veces, parece que sacar fuerzas para vivir
de los tonos rojizos que adquiere el mar
no es suficiente para seguir creyendo en el fulgor
con que una nueva luz aparece.
Siempre busqué bálsamo de dulzura
para mi alma apenada.
Solo te tengo a ti, compañero,
y en algunos momentos pensé
que el ronroneo que producen las olas
en la orilla del mar,
que por instantes se asemeja
a voces lejanas, tenues,
apenas audibles,
provenientes del mar
o, quizá, del borde del sueño,
era tu voz, que me animaba
a seguir buscando los colores del sol.
Solo te tengo a ti, compañero
y espero, con una feroz manera,
que el viento que te acompaña
y la brisa, delgada en los límites del cañizal,

no mueran callando el vínculo consagrado
que me une a ti.
Solo te tengo a ti, compañero.

UNA LÁGRIMA

Una lágrima recorre tu mejilla.
¿O es una perla que transita la piel de tu cara?
¿Recordarás mi nombre?
¿Recordarás el nombre que acordamos
para acordarnos?
Piensa que de lo que te estoy hablando
sucedió lejos, hace tiempo olvidado.
Tanto que te puedes hacer la idea
de una galaxia lejana,
solo una lágrima
y un nombre que se pierde en la memoria
y el viento del olvido.
A pesar de ello, no dejes de soñar.
Recuerda aquellos astros, sus brillos, sus colores
y la música del viento entre lágrimas.
No, quise decir entre polvo de estrellas.
El nombre que propusimos
estaba compuesto por dos palabras.
Valía para el femenino,
para el masculino,
para ti y para mí.
El nombre decía: «TE QUIERO».

Calles,
caminos que conducen tus pasos,
pasos que resuenan
en la larga noche prolongada.
Tañer de campanas mayores,
campanas de bronce.
Ecos deslizándose cuesta abajo,
empujados por el viento,
forzados a renacer,
rebotando en cada uno de los cantos,
fecundando nuevos ecos,
campanadas,
piedras sonoras, cantos rodados,
paralizados en el camino,
empujados por el viento,
perdidos en las ráfagas cálidas
del frío invierno,
espantando al monaguillo que revolotea
alrededor de la espadaña.
No acaba de estallar la tormenta,
la contrariedad entre tu amor y el mío;
embarrancan,
permanecen varados
en la bruma de la playa.

TODO A LA VEZ

El resplandor de la luna,
la luz resplandeciente del sol,
la sombra plateada de la niebla,
la sombra oscura del bosque,
los saltos de agua que irradian fulgor,
la claridad blanca de las olas,
las sombras alargadas en el profundo valle,
y en las cumbres nevadas,
derroche de centelleos azulados
y tú viendo lo que yo veo,
o me figuro,
y tú sintiendo lo que yo siento,
o vislumbramos,
mi locura y tu lucidez,
y tu presencia,
que calma, que se atisba,
ensayando versos de cordura,
besos, oscilantes entre la luz y la sombra,
venerando tu talle,
vesania, furia,
figura, desatino
y, al final, delirio
por sentirte tan lejos.

Osando homenajear a la vida,
o estar solo contigo,
perdido en la fina frontera
de las aguas del mar
y la rubia arena,
tornada oscura cuando se moja
por el ímpetu de las olas.
¿Podrá parecerse eso
al peso de los labios por los besos dados?
¿Es estar solo insinuar
una sonrisa oblicua
que denota lo que se siente?
Desterrada la tristeza por inoportuna,
pero sí presentes los besos
a la sombra de la luna,
con olor a tiempo
y, en la contra, el sol
como radiante golpe de luz,
para proseguir soñando juntos,
de algún modo, por qué no,
los presagios y la nueva aventura.
Prima la tierra
para ensalzar el prodigio de los besos
que nunca serán olvido,
mucho menos dolor
y sí festejos, de boca a boca,

y sí halagos de ventanas abiertas
de brisa dulce, que nos envuelve.
Te conocí sin haber tenido noticia
del portentoso instante.
Hasta ese momento no sabía dónde estaba.
Tu sonrisa me indicó el camino,
y las cosas de la luz entendí,
propiciando la aventura del contacto.
Ya jamás nada será olvido,
mucho menos dolor,
milagro sí.
Aquel viernes tibio
nada se parece al de hoy,
frío, pero enamorado,
aliado de la música, del viento,
jubiloso de tenerte a mi lado.

El cielo está esta noche
especialmente misterioso.
Acumula, colecciona, acapara
signos que solo pueden descifrar
aquellos hombres de alma cándida,
esos seres que repudian la mentira.
No hay mentiras piadosas,
eso es una falacia;
la mentira solo tiene la intención de engañar;
las mentiras, que, por ende,
son vanidosas y cobardes,
solo buscan el rendimiento personal
y sueltan palomas mensajeras,
con la intención de emponzoñar
y tergiversar la verdadera historia,
y enmarañar,
a base de podridas cortinas,
la imagen del río limpio,
del chopo que el viento mece,
o la estrella posada en el firmamento,
que parece que vigila
y que, robando la luz alba del brillo,
transforma en luz traicionera de bengalas,
que manipulan la idea clara
del pensar honrado,

para embaucar
a cuantos hombres ingenuos
que caen en sus redes.

También llueve...
Hoy hice un largo viaje.
No buscaba la aventura.
Ítaca hace tiempo que se disipó en mis sueños,
simplemente volví a mi lado.
Regresaba de ese lugar
donde brillan las estrellas
igual que granos de arroz en el firmamento,
y la luna tiene el color indefinido
de las sabanas, de color crudo,
recién planchadas.
Hoy hice un viaje que suelo hacer,
porque allí, el punto de donde vengo,
el bastidor del cosmos,
ese extraño lugar donde se aprende
la serena manera de contemplar el cielo,
torso y oscuro,
salpicado por esos granos de arroz
que mencioné,
es distinto a lo conocido.
Allí reina otra forma de respirar
y todos los cantos suenan
a campanas de San Lorenzo,
deslizándose entre tus pisadas,
llegando al corazón de los ecos que se añoran.
Y todo, hasta el sueño resquebrajado,

te anhela.
Es otra forma de vivir,
es otra forma de capturar
el puro oxígeno que emana de las rocas,
de las piedras puras,
que da la severa tranquilidad
de aspirar la fragancia de la tierra,
que desde las praderas emana
y las flores del verdinal magnifican.
Allí, en ese lugar que sin éxito intento describir,
comulgo contigo.

ORACIÓN O PLEGARIA

A Gloria Edo, mi gran amiga.

¡Oh, Dios, mi Señor!,
¿por qué será que te identifico
con la luz de las estrellas?
¡Oh, mi Señor!,
la fuerza de las olas
levantadas por los vientos
es la señal de tu misericordia.
Tú agitas la verdad,
amansas las respuestas.
¡Oh, mi Luz!,
¿por qué no me dejas llegar hasta ti?
¿Por qué esa escalera
que se alza en medio de la jungla,
de sillares cabales,
sin argamasa ni mortero,
se inclina en una dudosa asimetría
para impedir que pueda mostrarme ante ti?

A mi amigo nocturno.

Esta noche sería una noche
para sentir sensaciones;
una noche para estar enamorado
y, al tiempo, agradecido al amor;
una noche de luna creciente,
obligada y dichosa,
¿acaso feliz?,
igual que la margarita,
que entrega sus pétalos
quizá a alguien como yo,
que siente la vida
preguntando por el amor:
¿Estaré? Sí.
¿Estaré? No.
O sintiendo como el viento
llega y se va.

A mi querida Gloria Edo,
porque cada vez que me contestas
con tu poesía, siento alivio en el alma.

El viento
en las estepas del dolor;
el grito desgarrado,
inaudible,
perdido en el bosque,
en las sombras que provoca la luna,
incitando el aullido del lobo
El viento, el viento…
Otra vez el desgarro.
¿Estás fugándote de un sueño
o es que, aparte del terror,
te apartas de tu mala suerte,
que es mucha?
Miro como te adentras en el bosque.
Oigo como las pisadas quiebran las hojas.
Ahora estoy solo,
definitivamente solo,
y la saliva agria
se desplaza por mi garganta;
los labios y los ojos lloran arias olvidadas;
la música es mi paso,

que quiebra las hojas
sin conseguir despejar
la incógnita del miedo,
que consiguen mis huellas
hollando el camino,
sin conseguir cambiar el rumbo,
signando, solo, el sentido de la tristeza,
marcando la dirección de la espesura
de la carga sórdida del alma.
Ya no te asusta el viento,
ni oír cómo se quiebran las hojas secas,
ni el aullido del lobo.
Ni siquiera te asusta
la fuerza que te impide cambiar el rumbo.
Ahora te asusta tu propia sombra,
te asustas tú
te asustan las lágrimas.
Y tu soledad,
qué difícil será
volver a contemplar la amanecida.

El otro día me compré
una esfera de cristal
que me hiere cuando la miro;
se parece a esas bolas
que, si adquieres la técnica suficiente,
y, por supuesto, la destreza,
podrás pronosticar el futuro de las gentes,
sean allegados o no.
Hace unos días alguien me contó
que en Nueva York hay un sujeto
que, a cambio de una millonada,
te enseña a interpretar
los destellos de los colores
que rebotan en su superficie,
y que cuando adquieres suficiente maña,
simplificando los dictámenes del corazón,
apartando la luz de la sombras
y echándole mucha imaginación
a las adivinanzas,
puedes pronosticar el devenir de los allegados,
de los amigos próximos o lejanos,
e incluso el futuro amoroso de aquel señor
que cruza la última esquina,
sin sospechar que, no muy lejos de él,
hay alguien dispuesto a revelarle el porvenir.
Sin embargo, de lo que yo quiero saber

no me aventura nada,
ni siquiera si hay dolor en mi pecho,
ni dolor ni colores que me asombren
y, mientras tanto,
ni bola, ni esfera, ni cristal.

¿Sabes, amigo?
Hay veces que, cuando me despierto,
siento que el amor se me
—semana antes que mes—,
se me cobija entre los pliegues de la piel.
Cobija, cobijar,
esta palabra tiene un especial privilegio
en mi diccionario particular.
Tiene una connotación especial.
¡Cobijar!
Alguien no hace mucho me dijo:
«Nuestro Señor nos cobija».
Esa tiene que ser la realidad final,
si es que, en realidad,
hay una gran verdad final,
sin descartar
que existan muchas verdades pequeñitas,
pequeñas, como el ser humano.
Decía que el amor
se cobija entre los pliegues de mi cuerpo;
no voy a decir entre las ingles,
al lado están los genitales
y hay oídos limpios que se pueden molestar;
no entiendo por qué,
pero todos sabemos que eso es así.
Tampoco voy a decir en la sobaquera.

No es nada poético,
suena muy mal, y a veces huele peor,
pero sí podría decir
entre los pliegues de los labios.
Eso es bonito,
porque, además, ahí nacen los besos.
Besos…
Los besos y las palabras
son como un soplo de otro,
de otro que se tiene al lado,
o en la lejanía,
la lejanía del sol,
la lejanía de las nubes,
la lejanía de la luna,
que es el momento
que brotan las añoranzas,
las añoranzas del querer,
o cuando se necesitan los besos,
que justo es cuando la piel se tersa
y decimos «se me puso la carne de gallina».
Yo digo «no, se nos puso la carne de amor».
El amor viene sin que te des cuenta,
cuando las lágrimas se presentan
de improviso, a hurtadillas
de las cosas que te pasan,
o cuando, de pronto,

a las tres de la madrugada,
te dan ganas de volar una cometa azul
o cuando, sin haber sido nunca pastor,
te dan ganas de pastorear la vida.

¿Es posible que unas veces
pueda ser fuente de montaña entre peñascos,
y otras como mi tilo del jardín
cuando está a punto de quedarse sin hojas?
Es como despertar todos los días a ciegas,
sin saber quién eres y a dónde vas.
Ya, ya sé que es congénito al ser humano,
pero hay personas que ni se lo plantean.
Otras a las que la incertidumbre
les dura lo que puede durar un sorbo de café.
Y otras que, quizá, las guardan
para el interrogatorio final.
Pero eso, a la postre, no tiene mucho peso.
Cada cual se lo monta como puede
o como sus entresijos le permitan.
A mí me preocupa mi trance,
las montañas que se ven desde la ventana,
esa luz del misto que solo se distingue
en la oscuridad.
Pensar en la profundidad profunda de la mar,
el abismo,
el pensamiento insondable,
la necesidad de libertad
o el latido sin ondas ni rizos
en el que naufraga el peine de tus pensamientos,
que confunde amor con necesidad.

Y aquí, cuando hablamos de amor,
la pena,
la pena y el latido
se atascan
y el ancla no se suelta.
En los recuerdos de las profundidades
ya la nave no avanza.
Todo se queda quieto en el remanso del mar,
y tu alma rebosa de nostalgia, paralizada,
y ni siquiera las pequeñas olas
con su blanca espuma
te devuelven al redil
donde se trajina la vida.

A quién, si no…
A quien fue capaz de apuñalarme
y, a renglón seguido,
regalarme bocanadas de vida.

Porque el poeta diría
en un día, ya muy lejano,
que en esta vida
era preferible masticar brasas
antes que roer con los dientes
hielo helado.
Sin embargo, cuando miras la rosa blanca,
ese sentimiento de frustración,
de adaptarte al dolor,
se dulcifica.
Para vivir, no hay que masticar
ni hielo ni brasas;
hay que mirar muchas rosas blancas
y, en su defecto,
rosas rosas o rojas rosas.
Ya las mañanas
palpan el nuevo otoño,
los tilos amarillean sus hojas.
No hay que doctorarse en el dolor.
¿No será más beneficioso

rendirse a la nueva vida?
Hoy es domingo.
El día se nos presenta
con una luz que estimula las pupilas,
y el aire bendecido por la humedad
que nos concede Dios
nos invita a respirar
a los que despertamos siempre
con la conciencia tranquila.

Amiga, cuánta razón tienes.
Hay una calle en mi pueblo
donde la luz del sol
se refleja en los charcos
cuando llueve,
imitando las pinceladas
de ese pintor levantino
que tanto nos agrada.
Cuánta razón, Gloria.
Los dos sabemos
que la fe y la esperanza pueden,
pueden cambiar el aspecto,
hasta el nombre
de una calle iluminada.
Ahora bien,
barrunto que esto
puede ser motivo de controversia.
Habrá quien prefiera llamarla
calle de los Reflejos
o, por qué no,
calle de las Luces.
Aunque es posible
que alguien de mucha fe
sugiera que el nombre apropiado
sea calle de la Esperanza.
Convengo también

que todos los nombres
serían apropiados,
como estas lluvias de primavera.
¡Oh, no, qué enorme error!
Son lluvias de un otoño cálido.
No hagas que los recuerdos
y los nombres se pierdan;
no hagas que el trovador
que te inspira se duerma;
no hagas que pueda haber
distracción en tus palabras,
porque entonces tus sueños
despojarán de tu mente
al pastor que con su rebaño
transitó esa calle de refulgencias,
rompiendo los reflejos
que procuraron los aguaceros y las luces,
emponzoñadas por patas sin alma,
dejando de transmitir
acordes de las dulzainas,
y que alguien, en la lejanía,
donde se produce el último cruce,
dijese: «Amor, no retes con tu mirada
estos tristes ojos muertos».

*A Julio Quintero, un nuevo conocimiento
cargado de sinceridad y respeto.*

Hubo de pronto un relámpago
que supo iluminar eternamente
el horizonte,
allí, lejos,
al final de la tierra,
donde los labios del mar
y las azules montañas
se besan.
Oh, la claridad ilumina la vida.
¿Es que nunca habéis sido niños?
¿Es que nunca habéis imaginado al héroe
que en vuestros sueños os reveló
todas esas hazañas pendientes?
Es imposible amanecer todos los días
a ciegas.
Es imposible no poder arrancar del corazón
unos gramos de bienaventuranzas,
para repartir o depositar
en cada rincón del alma
entre aquellos faltos de amor,
que tuvieron que desterrar
a sus héroes de sus sueños.

Los forajidos son aquellos
que nada añaden a la alegría,
pero mucho a ese lúgubre collar
de penas que hielan el alma.
Pero la luz se tiene que imponer
a las tinieblas.
Las ascuas ígneas
son la parte venturosa de la historia.
El resplandor es el aliado de las auroras.
Al final, solo puedo depositar,
al lado de la esperanza,
una rosa blanca
y la sonrisa complaciente de la música,
que nace en las grietas de los espejos.
Así resurge la vida.
Así se encumbran los besos.
Se acabaron los duelos y llantos.
Qué más me gustaría que todo
fuesen mañanas resplandecientes.

Ya está bien
de hablar siempre de uno mismo.
¿No será mejor razonar
de vez en cuando, digo yo,
sobre la noche estrellada?
Otra posibilidad sería,
según la etapa del año,
reflexionar en invierno
con los fríos de incienso
gélidos regularmente,
y en primavera, con azabaches templados,
siempre teniendo muy en cuenta
los vientos que soplan.
Ojalá no fuesen nunca del norte.
El viento norteño se alía cada vez
con los tonos purpúreos del dolor.
Los objetivos serían dos:
por un lado, evitar que las nubes,
por ejemplo, pudieran pensar que mi corazón
regado está siempre de melancolía;
el segundo, cuando toque se suscitará.
Si se puede huir de las tormentas,
esas preñadas de truenos y rayos,
hagámoslo.
Mejor que quedarnos parados

bajo un árbol inmenso de hojas,
tules que refugian a los pájaros,
que es donde se concentran
los lamentos inertes,
donde a fatalidad
de petunias ganadoras
hacia el camino donde se apedillan
las sombras.
Pero, además, hay que huir
de los acantilados, por muchas balaustradas
que las circunstancias
hayan instalado en el borde del abismo.
Porque será mejor ir eligiendo
cuando lleguen las bifurcaciones,
según se nos plantea el enigma,
y no ir cavilando sobre las opciones
de este u oeste veinte kilómetros
antes de tener que apostar.
Esa elección no tiene beneficios;
al contrario, enredará tu pensamiento,
que, al igual que las astillas tacañas,
prenderá, arderá y se consumirá hasta apagarse,
sin obrar ni ascuas ni calor.
La segunda disyuntiva que quedó pendiente,
y que se resumía diciendo

que conllevaba peligros sustanciales,
uno de ellos terrible, funesto y abominable,
como es aburrir a la luna.

Tengo fe en mí mismo.
Me he demostrado
que puedo ser fuerte, férreo.
Dame un metro de confianza
y te devolveré el brillo de la luna,
pero, además, engalanada
con todos los colores
que no puedes ni imaginar.
Dame tu mano
y sentiré tu sangre.
Y te devolveré
los tañidos de las campanas.

Otoño.
Atardecer teñido de rojo sangre
o color miel oscura
que, a su vez, colorea,
con la misma gama,
la superficie vítrea del mar.
Y los cantos rodados, redondos,
besando, entre salto y salto,
el diáfano espacio.
El recuerdo más verdadero
de los años convergentes
a mi primera comunión.
En esa evocación no hay tristeza,
ni melancolía,
ni soga sin fin que me anude al pasado.
Al contrario,
hay vetustos recuerdos
que navegan por encima de las aflicciones.
Amor es lo que destilan.
Y mientras intentaba
expresar lo que siento,
siento rejuvenecer mi vida.
Es la savia que desde las raíces
empuja con prisa,
con prisa y con bulla.

¿Puede haber tanto dolor
en la existencia
como para sentirte
en el desierto de la soledad?
En un instante el mundo
es una ventana oscura
en el ámbito lóbrego
de una habitación.
Y, después, el silencio y la niebla,
que lo ocultan todo.
Te hieren las lanzas,
o ¿eres tú quien con flechas
emponzoñadas hieres tu vida?
Lo que yo no sé es lo que soy.
Lo que quizá fui es un halcón
y, ahora, ni siquiera una nube negra
que no se atreve a descargar,
para no manchar de barro
mi propia expresión.
Y no hay más remedio
que volver a la realidad,
volver a sentir las gotas de agua salada
que salpican tu rostro cuando navegas.
Tienes que esforzarte por sentirte fuerte.
Las olas de la mar
no te van a dejar respiro

y, acompañado, o no, por gaviotas,
hacer frente a la oleada. Será tu recompensa.
Así es el viento.
Así es la vida.
Así es el mar.
Y ten presente que,
cuando se muere ahogado,
nadie te recuerda.
Y cuando uno vive, pero muerto,
ni las cenizas de ti mismo te respetan.

Tantas cosas.
Tal veo, creo,
me atrevo a pensar
que siempre busqué
el cuarto ángulo del círculo recto,
lo imposible, la quimera…
Tantas cosas.
Ilusiones imaginadas,
confrontadas con la verdad,
amanecer a ciegas,
el bosque oscuro no deja penetrar la luz,
circunstancias circunstanciales
o sueños sostenidos por las nubes,
o el redoble de las campanas
y el bronce vibrando
para darle música
a la asociación del sonido
y a las inflexiones de la armonía.
Bronce que tañe
resonancias hacia el cielo,
espantando la tristeza,
desterrando el miedo.

El arpa de hierba
acunaba los trigales.
Estos son fragmentos de recuerdos
que, como las sombras, van y vienen.
Y las espigas, aún verdes,
dejándose mecer por la brisa cálida,
ese viento silente
que juega y azuza los malabares de la naturaleza,
y encumbrar más su lisura,
por ejemplo,
el vals de las hojas de los chopos
o el rizado del ámbito de la mar,
cuando el levante se empeña
en componer estampas de una pintura.
Todas esas imágenes provienen
de un tiempo donde la felicidad
era el estado natural de la vida,
donde enviscar redes, entre barrios,
te revestía de gladiador y tenías fe en ser fuerte.
Allí, los camaradas eran tan de verdad
como los escaramujos de las laderas,
y si un pedrusco,
impulsado por la honda y la nostalgia de David,
descomponía tu figura,
desarbolaba tu alma,
cuántos puñados de manos te protegían.

Y al calor de la chasca,
asando patatas rebuscadas,
implantaban tu arrogancia de ser gente joven,
para relatar un sinfín
de nuevas historias y aventuras.

Me asustan las historias.
Me asustan las que he vivido,
pero más las que quedan por fraguar,
y después, como ese dulce roce,
que he imaginado
como mi piel se impregnaba de arcilla,
barro, no barro, esencia de la tierra.
No las vividas,
las que me quedan por morar.
Es cierto, de todas ellas he aprendido a vivir,
a veces hasta he pensado
que las imágenes reflejadas en los cristales
eran puras nuevas memorias,
pero la percepción de habitar nuevos sucesos
me aterra.
Quizá, ya a mi edad, no dejo de pensar
que la vida deje de hacerme daño
y sigo, como un adolescente,
pensando que, por encima de todo,
tiene que estar la verdad;
si no, no hay esperanza;
si no hay verdad,
podrán quedar los paisajes del devenir
de las aguas de los ríos,
quizá los crepúsculos
y la palabra,

pero, como acabo de decir,
si no hay verdad,
todo ha de quedarse
en la ruina de la soledad.

El incienso eliminaba malos olores.
El alcohol elimina malos recuerdos.
Un buen *gin-tonic,* por ejemplo,
el vaso adecuado, frío con hielo,
unos granos de pimienta,
golpeadas levemente,
una rodaja de limón, que su jugo te dé
para aromatizar los bordes
y perfumar lo que combinas,
ginebra, por supuesto,
de la India, de Bombay.
Y las nubes oscuras,
antes de descubrir el final,
antes de salirnos de lo que se pretende contar,
blancas, inofensivas de primavera,
que no te condicionan,
sinceras como la mañana en alpargatas,
como la albicante estancia,
recordando imbricados recuerdos
de estar triste y feliz,
dichoso
y con la justa amargura,
con el justo dolor
y el punto justo que te da la dicha
y, al unísono,
riéndote y llorándote por todo y por nada,

hablando sin intercomunicador,
explicando lo difícil de la vida,
explicando sin comprensión mis lágrimas,
mostrando las llaves de mi alma
por si alguien, atrevido,
se mostrara dispuesto a descifrar
montañas de desconciertos.
Mañana, que es martes,
sin ninguna tarea pendiente,
me tocará corregir
hasta que quede decente.

Peritas de mi peral.
Peritas que da mi huerto.
Peritas dulces,
tanto que el paladar,
confundido,
piensa que son puros besos.
Arrepentido Dios está,
por no haber puesto
como pecado original
estas peras de mi corral,
donde la miel,
sin poder competir,
cede el puesto
a este exquisito manjar.

En el muro colgué
los cuadros justos.
En la tapia que divide mi casa
no sobra ni falta nada.
Todo es lo que tiene que ser:
paredes albicantes de lo que son puro recuerdo,
pendientes de un clavo
ni oxidado, ni brillante,
justo como el tempo lo trajo a su ser.
Y no dejo de mirar el resultado,
por si por un descuido
entre las cuatros paredes
de la morada que me acoge
tuviese que recomponer mi alma,
o un suspiro lejano,
que vuelve al presente sin desdén,
pero consciente,
para que no deje de mirar,
por si por un involuntario descuido
tuviese que remendar
el orden de las fotos y de mi alma,
y ordenarlo todo en un volver a recomponer
que se llevó en el pico la alondra
para depositarlo
en lo más alto de la copa del pino,
para guardarlo, para rememorarlo.

Triángulo perfecto.
El destello rutilante de los astros,
el color de las flores,
la oscuridad de la noche
salpicada de diminutas guirnaldas.
Connotaciones objetivas:
tú te fuiste sola y por tu cuenta,
nadie te empujó a nada,
elegiste tu camino
y lo que estamos viendo son las consecuencias.
Los sentimientos se generan aparte.
Desde luego que son parte,
una parte del corazón
que parte una historia con la hoja afilada
de la amargura.
Eso son sentimientos
que borran el amor,
que destierran el deseo,
que disipan los recuerdos del aroma de tu piel.
Y pasan las lunas
y la savia, que es la sangre, se atempera
se diluye.
Ya ni siquiera te emociona recordar
el olor aterciopelado que desprendía tu piel.
Dicen que sucede casi siempre
que todo se queda en la nada,

ni poblado de viento,
ni de nubes,
ni de aromas,
y que sale el sol, un día tras otro,
y la niebla del lago acomoda
la herida que ya dejó de sangrar.
Eras tú mi amor.
Eras tú mi vida,
pero todo va quedando atrás.
Ya ni siquiera se puede igualar a la ceniza,
que el viento dispersa.

Una aurora.
El caso es comparar
estar junto a ti,
o contemplar una aurora.
Una idea mal planteada.
Ni las auroras,
ni las puestas de sol,
rojas y fulgurantes,
ni un vendaval en el Atlántico,
que salpica todo de espuma de mar
o, por qué no,
en el desierto,
una tormenta de arena,
o las nieves que todo lo hielan,
o las aguas de un río caudaloso,
o los manglares creando vida,
o, simplemente, la luz.
Por lo pronto, nadie,
ni nada me ofrecería
tanto bienestar
como dormir junto a ti,
compartir la almohada,
el olor de tu cuerpo,
el son caribeño
que cantas y baila
con tu respiración.

Y ya entrada la madrugada,
dormir,
dormir hasta que despunte el sol,
acompañando tus sueños,
o acompañando tú los míos felices.
Ah, ah, ah…
El pasado nunca será presente.
Lo que se vivió nunca será reciente,
pero seguro que sí hospedado entre la evocación.

Sutileza.
Si miras fijamente
a ese lugar de la tierra
donde los picos de las cordilleras
besan el cielo azul,
te darás cuenta,
pero hay que poner mucha atención,
que hay minúsculas marcas,
casi imperceptibles,
que solo podrás observar
si tus ganas de festín
de cielo azul
son inconmensurables,
y que las ansias de tocar los luceros
tengan tanta fuerza
como la fuerza que reivindicas
para que todo sea eterno.
Sí, ya sé que no puede ser,
que no hay nada para siempre.
Forajido momento cuando descubres
que las risas, el amor y el deseo
se despeñarán por el acantilado
para diluirse con la espuma salada del mar.
Pero como la vida trabaja en todas direcciones
y la ciencia de la dicha se inventa sus recorridos,
el amor, el deseo, el anhelo,

todos los recodos espirituales
engendran al viento,
y el viento absorbe
la esencia de la vida,
para recorrer los limoneros,
los almendros, estén, o no, en flor,
las vides, cargadas de frutos,
que será el vino mío de mañana.
Y remontando laderas,
más tarde declives,
pendientes,
cuestas escabrosas,
llegaremos a donde lo dejamos
y, concentrándote, descubrirás
que todos esos puntitos,
que luego se agrandan,
más ínfimos que cabezas de alfiler,
hilos finos de plata,
o el rubí perdido en el oscuro rincón,
son la rememoración de tu vida,
una vida larga, colmada de recuerdos
amargos y dulces.

Será un prodigio,
en un lugar apartado de La Alcarria,
sentir como las olas se estrellan contra las rocas
y diminutas gotas saladas
te mojan la cara.
Será un prodigio quererte,
quererte por encima de todas las cosas,
sostenerte la mirada
y, al tiempo, sonreírte
sintiendo que eres la dicha
de un minuto de tiempo
que se concreta en un siglo de suspiros,
de esperas largas.
Será un prodigio que no pueda ver
en el horizonte nubes que te envuelven,
magia de ti mismo,
magia afinada,
sublime, tu perfil, por encima
de esa orquesta que suena a trino de violines
que emergen del alma.
No te apartes de mi camino.
No me dejes al margen, en la cuneta.
Sigue siendo mi portento.
Eres tú el verde, el azul, el rojo, el carmesí
del prodigio que añoro.

Eres la maravilla del amor.
Eres la brisa que siempre estuvo
en los sueños, en las ausencias.